AF397466

IV

La Ligue Sociale d'Acheteurs

(Rapport présenté par Madame JEAN BRUNHES
dans la séance du 10 novembre 1903)

PRIX : **60 centimes**

PARIS
FÉLIX ALCAN, ÉDITEUR
108, boulevard Saint-Germain

S T S

Art. 1

Il est fondé une *Association nationale française pour la protection légale des travailleurs*. Elle constituera la Section française de l'Association internationale pour la protection légale des travailleurs. Le siège de l'Association est à Paris.

Art. 2

L'Association nationale pour la protection légale des travailleurs se propose de coopérer d'une façon générale à l'œuvre de l'Association internationale et de travailler spécialement à faciliter l'application et les progrès de la législation protectrice des travailleurs en France.

Dans ce but, elle s'efforce :

1° De gagner l'opinion publique à la cause de la législation protectrice des travailleurs à l'aide de conférences, de publications, etc. ;

2° De fortifier l'autorité morale de l'Inspection du travail et de l'aider ainsi dans l'accomplissement de sa mission ;

3° De renseigner les intéressés (ouvriers, patrons, associations professionnelles, etc.) sur le sens et la portée des dispositions de la législation du travail, par l'institution notamment d'un bureau de consultations juridiques ;

4° D'étudier les progrès dont la législation protectrice des travailleurs est susceptible, d'appuyer auprès des pouvoirs publics les modifications législatives dont l'utilité lui aurait paru démontrée ;

5° D'encourager la création de groupements régionaux ou locaux destinés à rendre plus efficace l'action de l'Association dans les diverses régions ou localités.

Art. 3

Sont membres de l'Association les personnes et les Sociétés qui considèrent la législation protectrice des travailleurs comme nécessaire et qui adhèrent aux présents statuts.

Art. 4

La cotisation annuelle est fixée à 10 francs pour les personnes et les sociétés adhérentes.

Elle est réduite à 3 francs pour les personnes et les sociétés adhérentes qui ne demandent pas à recevoir les publications de l'*Office International*.

Art. 5

Tout membre de l'Association qui, trois mois après le rappel du trésorier, n'aura pas acquitté la cotisation, sera considéré comme démissionnaire.

Art. 6

L'Association est administrée par un Comité directeur élu par l'Assemblée des membres.

LA LIGUE SOCIALE D'ACHETEURS

La séance est ouverte à 3 heures sous la présidence de M. Paul Cauwès, président de l'Association.

M. LE PRÉSIDENT. — Une Ligue Sociale d'Acheteurs s'est fondée à Paris il y a un peu moins d'un an ; de puissantes ligues du même genre fonctionnent depuis quelque temps déjà aux États-Unis. Madame Brunhes, secrétaire-générale de la Ligue de Paris, a bien voulu accepter de nous présenter un rapport sur l'œuvre si intéressante de cette Ligue.

L'Association française pour la Protection légale des Travailleurs a-t-elle été oublieuse de l'objet spécial de ses statuts en mettant à l'ordre du jour le sujet dont Madame Brunhes va nous entretenir ? Je voudrais aussi brièvement que possible montrer que non.

Bien souvent nous déplorons l'insuffisante efficacité des lois protectrices du travail, malgré le système de l'inspection, malgré les dispositions pénales qui les sanctionnent. Trop souvent, elles sont éludées ou tournées ; les chefs d'industries en effet les subissent plutôt qu'ils ne les acceptent. L'opinion publique est ignorante, indifférente ou enfin sans action possible faute d'organisation. Pourtant les lois sociales ont besoin, plus que d'autres encore, d'être consacrées par la conscience publique et soutenues par les mœurs.

Les Ligues Sociales d'Acheteurs sont destinées à éveiller la conscience du public, à lui montrer le devoir social de ne pas commander le travail, de ne pas poursuivre la satisfaction quand même d'un caprice ou d'un désir, au prix des souffrances et du surmenage de l'ouvrier producteur ; elles lui font connaître les conditions humaines de travail qu'exige la loi, ou auxquelles il faut tenir, même à défaut de la loi, et elles l'orientent pour ses achats, vers les établissements inscrits sur les *listes blanches* parce qu'ils ont souscrit à ces conditions. Si les acheteurs sont ainsi avisés et organisés, les patrons seront vite conquis. Actuellement, à cause de la pression de la concurrence, leur intérêt les pousse à échapper le plus possible aux exigences des lois réglementant le travail ; les Ligues d'Acheteurs les affranchissent, leur donnent même intérêt à suivre les impulsions de leur conscience, à faire tout ce que la loi veut — et même au delà — pour obtenir l'inscription sur les *listes blanches* et gagner la clientèle des Ligues.

L'Association pour la protection légale des Travailleurs ne devait pas rester indifférente au mouvement social que cherche à provoquer la Ligue sociale d'acheteurs de Paris, puisque ce mouvement doit accroître l'autorité morale et l'efficacité de la législation ouvrière. De là l'appel que nous avons adressé à Madame Brunhes. Je lui donne la parole après l'avoir vivement remerciée d'avoir bien voulu s'y rendre.

Rapport de Mme Jean Brunhes

Secrétaire-générale de la Ligue Sociale d'Acheteurs de Paris

La section française de l'Association pour la protection légale des travailleurs m'a demandé de vous mettre au courant des efforts jusqu'ici tentés par ces groupes, ces associations, qui portent en Amérique le nom de *Consumers Leagues* (*Ligues de Consommateurs*) et chez nous le nom de *Ligue Sociale d'Acheteurs*. N'oubliant jamais que ce sont des faits et non des phrases qui vous intéressent, je vous exposerai d'abord l'origine et l'extension croissante des Ligues d'Acheteurs. — Je vous dirai, en second lieu, comment nous entendons notre action, nous, membres de la Ligue Sociale d'Acheteurs de Paris. — Et je vous indiquerai enfin, en forme de conclusion, quels sont nos desiderata.

PREMIÈRE PARTIE

L'origine et l'extension croissante des Ligues d'Acheteurs.

Aux États-Unis, il y a 12 ans, à la suite d'une enquête faite par la *Working Women's Society* sur la condition des vendeuses dans les magasins au détail, un groupe de femmes américaines prirent conscience des abus scandaleux auxquels étaient assujetties des créatures humaines, femmes et jeunes filles. Et surtout elles se rendirent compte que les acheteuses avaient dans ces faits une grande part de responsabilité. N'est-ce pas l'acheteuse qui prolonge les heures de travail de la vendeuse, en allant faire ses achats trop tard dans la journée ? N'est-ce pas l'acheteuse qui, par ses observations souvent injustes, ajoute au surmenage et à l'énervement des employés de commerce ? N'est-ce pas elle enfin qui fait la fortune du commerçant qui vend au meilleur marché sans se préoccuper de savoir si ce bon marché tant vanté ne représente pas, pour les employés et les ouvrières, une exploitation presque sauvage ?

En vertu de cette responsabilité devenue consciente, et pour réagir contre ces faits, les femmes de New-York organisèrent la première Ligue de Consommateurs. Celle-ci avait un double but :

a) travailler à l'éducation sociale des acheteurs, en leur faisant comprendre la portée de leurs actes quotidiens et la conséquence de chacun de leurs achats ;

b) donner à ses membres les moyens de rendre leurs actes conformes à leurs principes, en leur indiquant quels fournisseurs respectaient intégralement les lois de protection ouvrière et traitaient leurs employés selon les règles de la justice.

Ces règles de justice, telles qu'elles furent dès l'origine, (en 1891), élaborées par la Ligue de New-York en faveur des employés de commerce, se trouvent résumées dans le programme idéal que voici :

Type d'une bonne maison (de commerce)

SALAIRES. — Une bonne maison est celle : où l'on observe le principe « à travail égal, salaire égal » ; où, dans le département des femmes, le minimum de salaire est de 6 dollars pour les adultes expérimentées et ne tombe que rarement au-dessous de 8 dollars (1) ; où le paiement est fait à la semaine ; où les amendes, si on en impose, alimentent un fonds de réserve an bénéfice des employés.

HEURES DE TRAVAIL. — Une bonne maison est celle : où la journée de travail dure de 8 heures du matin à 6 heures du soir (avec 1 l'heure pour le déjeuner de midi) ; où une demi-journée de vacances est donnée une fois par semaine (outre le dimanche et les jours de fêtes légales), durant au moins deux mois d'été ; où toutes les heures de travail supplémentaires sont payées.

CONDITIONS D'HYGIÈNE. — Une bonne maison est celle : où les pièces destinées aux repas, au travail et au repos sont séparées et conformes aux principes de l'hygiène ; où la loi des sièges est observée et où l'usage des sièges est permis.

AUTRES CONDITIONS. — Une bonne maison est celle : où des relations vraiment humaines et dignes sont de règle entre patrons et employés ; où un service fidèle de plusieurs années est récompensé à sa juste valeur ; où des enfants au-dessous de quatorze ans ne sont pas employés.

Et voici maintenant le mécanisme très simple de l'action inaugurée par les Ligues. Elles ont découvert, par le moyen d'enquêtes, grâce aux renseignements et à l'appui de l'Inspection du Travail, les fournisseurs qui étaient des patrons équitables. Une fois ces fournisseurs découverts, elles les ont inscrits sur une liste appelée *liste blanche*, que les membres des Ligues ont propagée, distribuée, fait connaître par tous les moyens. Le maître juste jouit ainsi du bénéfice inattendu d'une propagande supplémentaire, d'autant plus féconde qu'elle est gratuite et désintéressée.

C'est pourquoi — et il convient de ne point s'en étonner — loin de rencontrer aucun mauvais vouloir chez les commerçants, la ligue de New-York trouva parmi eux ses auxi-

____

(1) Le dollar vaut environ 5 francs.

liaires les plus dévoués. Dès 1891, huit magasins figuraient sur la *liste blanche* de la cité de New-York. La dernière liste blanche de New-York, qui porte la date de 1903, comprend 39 maisons de commerce qui se rapprochent du type d'une bonne maison. Durant ces douze années de travail ininterrompu, la première Ligue a poussé des branches dans la plupart des Etats d'Amérique. Aujourd'hui nous nous trouvons en face de 53 Ligues de consommateurs répandus dans les 18 Etats suivants : New-York, Pennsylvanie, Illinois, Massachusetts, Californie, Colorado, Connecticut, Iowa, Kentucky, Michigan, New-Jersey, Ohio, Orégon, Rhode-Island, Utah, Vermont, Wisconsin et Maryland.

Durant l'été 1901, pour la première fois dans l'histoire des magasins de New-York, plusieurs maisons de la *liste blanche* ont fermé à 5 heures du soir et ouvert à 8 1/2 du matin. A Boston, les principaux marchands au détail de la ville ont adopté, pour l'hiver, la journée de 9 heures (c'est-à-dire de 8 h. 1/2 à 5 h. 1/2), et pour l'été la journée de 8 h. 1/2 (c'est-à-dire de 8 h. 1/2 du matin à 5 h. du soir). Entre les magasins des différents Etats il s'établit une sorte d'émulation, et il est rare qu'un progrès, effectué par les commerçants du Massachusetts par exemple, n'ait pas sa répercussion parmi les commerçants recommandés par la Ligue de New-York.

La Ligue de New-York et les autres Ligues ont étendu leur sollicitude non seulement aux employés de commerce, mais aux ouvrières et aux enfants travaillant dans les fabriques.

Du magasin, elles ont passé à l'usine. Après s'être enquises des heures de travail et des conditions d'hygiène de la boutique où l'on vend la marchandise, elles se sont logiquement préoccupées des conditions d'hygiène et des conditions de travail de l'atelier où la marchandise est confectionnée.

Et cette orientation nouvelle des Ligues marque un point très important dans leur histoire ; elle entraîne fatalement deux conséquences :

La première, c'est la fédération de toutes les Ligues locales, par cette raison bien simple que certaines marchandises vendues à New-York sont fabriquées en Pennsylvanie ou que des magasins de Chicago peuvent se fournir dans l'État de New-York : les inspecteurs de la Ligue de New-York par exemple doivent donc avoir droit d'entrée dans les usines des autres États et les différentes Ligues doivent avoir — quant aux usines — un règlement commun.

En second lieu, il faut que les membres individuels des Ligues puissent trouver et reconnaître dans les magasins au détail les objets fabriqués dans les usines recommandées par la Ligue; il faut une marque de fabrique, le *label*. Ces deux faits, ainsi fatalement déterminés par le passage du magasin à l'usine, se sont trouvés associés.

Le premier soin des Ligues de Consommateurs américaines, fédérées sous le nom de Ligue nationale, a été de déterminer les conditions à imposer aux fabricants. Ces conditions ont été les suivantes :

1º Observation des lois sur la protection des travailleurs ;

2º Défense d'employer des enfants au dessous de 16 ans ;

3º Aucune personne employée dans les manufactures ne doit travailler plus de dix heures par jour et de soixante heures par semaine ; aucune ne doit travailler après 9 heures du soir et avant 6 heures du matin ;

4º Les fabriques doivent se soumettre à toutes les enquêtes faites par la Ligue et effectuer les améliorations demandées par la Ligue.

En outre, comme il fallait que le public sût reconnaître et exiger les marchandises fabriquées dans ces conditions, la Ligue décida de délivrer aux fabricants affiliés une marque de fabrique spéciale (*label*), marque de fabrique qui pouvait être retirée après enquête si le fabricant n'observait pas les conditions imposées.

On ne pouvait songer à englober toutes les usines. La Ligue nationale limita son effort à certaines usines, comme les Ligues locales limitaient leur effort à certains magasins ; on choisit les manufactures qui occupaient le plus nombreux personnel féminin, manufactures de vêtements de dessous ;

corsets, ceintures, jupons, chemises et articles de flanelle ; M⁰ Kelley, ex-inspectrice divisionnaire de l'Illinois, fut chargée de mener l'enquête dans les différents États et de proposer l'emploi du *label* aux fabricants résolus à se soumettre aux conditions de la Ligue.

Dès l'année 1899, cinq manufactures signèrent un contrat avec la Ligue et reçurent l'autorisation de se servir du *label*.

À la fin de l'année 1903, nous trouvons 53 manufactures sur la *Liste blanche* des manufactures, établie par la Fédération ou Ligue Nationale des Consommateurs Américains (1).

Ainsi, pour rappeler encore une fois le fait récent qui est capital : après 12 années de développement progressif et d'ardente propagande, les membres des Ligues de Consommateurs ont étendu leurs enquêtes et leurs audaces jusque dans les grandes fabriques, jouant le triple rôle d'inspectrices du travail bénévoles et supplémentaires, de champions acharnés des lois qui réglementent le travail, et d'initiatrices de nouvelles lois sociales.

Ligue néerlandaise. — Depuis 1902 le mouvement a gagné l'Europe. La Hollande a été la première à suivre l'exemple de l'Amérique. Par décret du 11 avril 1902, était approuvée la *Ligue Néerlandaise des Consommateurs*, dont le siège est à La Haye, et qui a des branches locales à Amsterdam, Harlem, Utrecht et Rotterdam. S'appuyant d'une part sur les syndicats ouvriers, les Bourses du Travail, d'autres part sur les syndicats patronaux, elle concentre ses efforts sur trois métiers : les boulangers, les typographes, et les gens de maisons.

Son travail a commencé par être naturellement un travail d'enquête.

La première *liste blanche* a été publiée, il y a quelques jours, en octobre 1903 ; elle comprend : 7 imprimeries et 13

____

(1) Pour l'histoire plus détaillée de ces ligues, consulter *l'Exemple des Américaines*, brochure de 32 p. in-8, publiée par la Ligue Sociale d'Acheteurs, aux bureaux de la Ligue, Paris, 28, rue Serpente, 0,75.

boulangeries, dont 5 boulangeries coopératives et deux autres qui ont renoncé à travailler la nuit.

Ligue de Paris. — En décembre 1902, s'est fondée à Paris la Ligue Sociale d'Acheteurs, à laquelle vous voulez bien témoigner une sympathie spéciale et dont je vous entretiendrai tout à l'heure.

Ligue de Genève. — La Suisse vient de suivre l'exemple de la France. D'après un article de la *Gazette de Lausanne*, du 17 octobre 1903, dont je vous remets un exemplaire pour me permettre d'être plus brève, vous verrez que l'Alliance nationale des Sociétés féminines suisses, — après une Conférence que j'ai faite à Genève, lors de l'Assemblée générale du 10 octobre dernier, — a résolu d'encourager de toutes ses forces la création de Ligues d'Acheteurs dans les différents cantons.

Les journaux suisses ont annoncé, comme conclusion de cette Assemblée, que des ligues d'acheteurs allaient se fonder, notamment à Berne et à Genève.

C'est Genève qui a ouvert la voie ; s'adressant aux magasins de commerce, elle a défini le type d'une bonne maison ; le voici :

Type de la bonne maison
ou principes d'équité selon lesquels une maison de
commerce doit être administrée.

a) SALAIRES. — 1º A travail égal, salaire égal, sans distinction de sexe ;

2º Les amendes, s'il y en a, versées dans une caisse qui soit la propriété de l'ensemble des employés.

b) HEURES DE TRAVAIL. — 1º Maximum de 10 heures de travail effectif par jour avec interruption d'une heure 1/2 pour le repas de midi ;

2º Fermeture des magasins le dimanche ;

3º Fermeture des magasins le samedi à 6 heures (Exceptions : les magasins de produits alimentaires, pendant le mois de décembre).

4º Heures supplémentaires de travail compensées au moyen soit d'heures libres, soit d'une rétribution équitable ;

5° Vacances d'au moins une semaine pendant l'année, sans interruption de paiement;

c) CONDITIONS DIVERSES. — 1° Faculté accordée aux dames-employées d'user d'un siège;

2° Ateliers, réfectoires, vestiaires conformes à l'hygiène moderne.

Et je puis maintenant vous donner la primeur d'une heureuse nouvelle. Je viens de recevoir de Mlle Merle d'Aubigné la lettre suivante :

Genève, le 6 novembre 1903.

Madame,

La Ligue genevoise d'Acheteurs a été fondée hier, 5 novembre. Mlle Vidart a bien voulu accepter de prendre la présidence du Comité.

Nous espérons avoir une grande réunion publique à la fin de novembre ou au commencement de décembre, etc.

Nous avons publié enfin divers articles dans certains journaux d'Italie et d'Allemagne ; et j'espère que lors d'une prochaine réunion je pourrai vous montrer une extension *encore plus internationale* des Ligues d'Acheteurs (1).

---

(1) Non seulement les Ligues doivent se répandre en un plus grand nombre de pays ; mais elles vont tendre à organiser dans la mesure du possible une certaine action internationale commune. Deux jours après avoir lu le présent rapport à l'Association pour la protection légale des travailleurs, j'ai reçu des Etats-Unis la lettre suivante ; elle me paraît poser, au point de vue de la législation internationale du travail, des questions qui sont d'un intérêt tel pour les membres de l'Association que je crois bien faire, à titre documentaire, d'en donner ici la traduction *in-extenso :*

Chicago, 3 novembre 1903.

Chère Madame,

A l'un des meetings récents du Comité exécutif de la Ligue nationale de Consommateurs, Madame Nathan a attiré l'attention du Comité sur les questions qui ont été discutées entre elle et vous au cours d'un entretien récent, au sujet surtout de l'usage du label (marque de fabrique). Il a été décidé que l'on chargerait le Comité international des Ligues de Consommateurs (que l'on vient d'organiser) de présenter un rapport sur le sujet suivant : « L'extension du label ou de labels similaires dans les autres pays ». En même temps on a tracé un plan de travail pour le Comité international, plan de travail qui touche directement et indirectement à la question du label. La Ligue a autorisé ce Comité international à s'adjoindre des délégués étrangers ; et elle lui a demandé de commencer une collection

DEUXIÈME PARTIE

Comment la Ligue Sociale d'Acheteurs de Paris comprend son action.

C'est en nous inspirant de l'exemple des Ligues Américaines, — tout en adoptant une ligne de conduite sensiblement différente de la leur, — que nous avons fondé à Paris, en décembre 1902, la Ligue Sociale d'Acheteurs.

Liste blanche et tracts.

Notre premier et principal effort a été dirigé contre la coutume déplorable de la veillée et contre les violations vrai-

---

de documents sur l'état actuel de la législation du travail et son administration dans les différentes contrées de l'Europe, et aussi sur la législation protectrice de l'enfance et son administration, et sur l'instruction obligatoire et son administration, là où ce système est en vigueur.

Les documents ainsi rassemblés seront tenus au courant; il sera grandement utilité de renseigner de cette façon tous ceux qui s'intéressent au mouvement et de leur faire connaître les progrès réalisés dans tel ou tel pays. De même ce sera un bon moyen pour susciter des réformes dans certaines contrées. Car si quelques pays sont en avance sur d'autres en quelques points de la législation, ils peuvent se trouver en même temps en retard en d'autres points. Toute la valeur de notre enquête résidera dans la comparaison que nous établirons entre la législation des divers pays.

La relation directe qui existe entre cette question et celle de l'extension du label est celle-ci : on pourra se rendre compte des conditions différentes qui existent dans les divers pays et voir comment peuvent et doivent varier les conditions auxquelles est subordonné l'usage du label. Il nous sera possible — une fois que nous serons en possession d'une base scientifique et d'informations précises — de discuter la question avec plus de compétence. Je vous envoie donc quelques questionnaires qui permettront d'établir les conditions locales de chaque pays ; et nous vous demandons si votre Ligue veut bien nommer un membre représentant à ce Comité : c'est lui qui sera chargé de remplir ces questionnaires et de nous les retourner. Nous souhaitons qu'une description d'ensemble, faite par une personne compétente en la matière, accompagne la liste des documents ou les documents et brochures qui nous permettront d'approfondir les questions. Nous espérons donc que votre Ligue sera

ment trop fréquentes de la loi. Nous avons engagé chacun de
nos membres :

1° A ne jamais faire une commande sans demander si elle ne
risque pas d'entraîner le travail de la veillée ou le travail du
dimanche.

2° A toujours éviter de faire ses commandes au dernier moment,
surtout aux époques de presse.

3° A refuser toute livraison après 7 heures du soir ou le dimanche,
afin de ne pas être indirectement responsable d'une prolongation
des heures de travail pour les livreurs, employés ou employées,
apprentis ou apprenties.

4° A payer ses notes régulièrement et sans retard.

D'autre part, au moyen de la liste blanche, nous avons fait
une juste réclame aux patronnes qui réalisaient ou s'enga-
geaient par écrit à réaliser les conditions fixées par la Ligue
Sociale d'Acheteurs, c'est-à-dire les conditions suivantes :

1° Ne pas faire travailler normalement au delà de 7 heures du

---

à même de nous fournir ce compte-rendu et de nous envoyer les
documents qui feront la preuve des affirmations énoncées.

Les rapports de la Ligue nationale de Consommateurs fournissaient
déjà — en ce qui regarde le travail des enfants et l'instruction obligatoire aux États-Unis — des informations qui peuvent être utiles
aux autres pays. Malgré cela il sera nécessaire que nous préparions,
sur la législation des fabriques aux États-Unis, un rapport similaire
à ceux que nous demandons aux autres pays : nous y traiterons les
questions administratives qui touchent au travail des enfants et aux
lois ouvrières. Les rapports concernant les États-Unis seront englobés
dans le rapport général, qui sera fait par le Comité international
aussitôt que nous aurons reçu les réponses des différents pays, de
ceux au moins qui possèdent actuellement des Ligues de Consommateurs. Vous remarquerez que l'un des questionnaires est consacré à
l'organisation de votre propre Ligue, à la cause qui l'a suscitée, au
travail qui a été déjà accompli par elle.

Si certains points des questionnaires ne vous semblent pas assez
clairs, nous serons heureux de correspondre avec vous à ce sujet.

Nous espérons que nous aurons de vous une réponse prochaine,
nous annonçant qu'un membre représentant de votre Ligue au Comité
international a été élu par vous et que nous pouvons compter sur les
renseignements désirés.

Votre bien dévoué
FRANCIS H. Mc LEAN,
Président du Comité international.

soir, et jamais au delà de 9 heures du soir, même aux époques de presse.

2° Ne pas donner aux ouvrières de travail à terminer chez elles le soir (seconde veillée);

3° Ne pas faire travailler le dimanche.

Moyennant ces conditions, elles sont inscrites sur la *liste blanche*.

Ces conditions restent un minimum. Notre première *liste blanche*, parue en mars 1903, comprenait sept couturières et deux modistes. La prochaine, que nous comptons publier dans le courant de ce mois, comprendra onze couturières, deux tailleurs pour dames, six modistes et deux corsetières.

Tout en dirigeant les efforts de nos membres sur un point spécial, nous cherchons à attirer leur attention sur la généralité des actes, trop souvent inconscients, qui constituent leurs achats journaliers. Sans avoir encore fixé des conditions spéciales pour les magasins, par exemple, nous demandons aux acheteuses de traiter avec justice l'employée qui les sert ; nous lui demandons de nous signaler les magasins où les jeunes filles ont non seulement le droit mais la permission effective de s'asseoir.

Enfin aux époques de surmenage qui précèdent des fêtes comme Noël et le Jour de l'An, nous leur adressons non pas de vagues prières et conseils, mais des avis pressants et précis. Tel est l'objet du Tract n° 3, dont voici quelques extraits, et qui va être tiré à plusieurs milliers d'exemplaires.

Il y avait en 1896 en France un personnel de 1.199.000 employés de commerce (802.000 hommes et 397.000 femmes). Depuis huit ans, le nombre des grands magasins et des bazars s'étant accru dans de notables proportions, le personnel des employés a considérablement augmenté, — et doit comprendre approximativement un million d'hommes et un demi-million de femmes.

Quels sont les maux de cette vaste population masculine et féminine que nous coudoyons chaque jour, à laquelle nous demandons chaque jour de nous servir ? Et comment pouvons-nous remédier à ces maux ?

Acheteurs, quels devoirs avons-nous vis-à-vis des vendeurs et des vendeuses ?

En premier lieu, l'acheteur doit se rendre compte des conditions de travail faites aux employés de commerce.

LE TRAVAIL ET LA VIE DES EMPLOYÉS

Les employés de commerce vivent au milieu des poussières malsaines, dans des locaux mal aérés et surpeuplés : « La plupart des grands magasins fournissent une morbidité et une mortalité effrayantes parmi leurs employés, à telle enseigne que ceux qui restent quelques années et échappent à la tuberculose sont presque l'exception ». Ces lignes du docteur Paul Berthod sont citées et confirmées par l'un des hommes qui connaissent le mieux cette question économique, M. Hector Bezançon.

Soumis à un labeur sans trêve, les employés de commerce sont livrés au bon plaisir du patron, qui peut leur imposer, sous prétexte d'exposition ou d'inventaire, des heures supplémentaires de travail non payées. Ainsi, à l'exception de quelques très rares magasins de Paris, petits et grands commerçants exigent de leur personnel, en temps de presse, des journées de travail de 13 heures, 14 heures, 15 heures ou même davantage.

A ces maux déjà si graves viennent s'ajouter, pour les femmes, les maladies causées par *la station droite*, les maladies internes qui rendent jeunes femmes et jeunes filles infirmes pour leur vie.

Pour bien des employés de commerce, le repos hebdomadaire, le repos du dimanche n'existe pas. Ils ne connaissent ni la vie de famille, ni les distractions saines ; même le droit d'interrompre leur travail et de reprendre des forces un jour par semaine, même ce droit leur est contesté et refusé. . . . .
. . . .

QUELS SONT NOS DEVOIRS PARTICULIERS LORS DES GRANDES ÉPOQUES DE PRESSE ?

Au moment de Noël et du jour de l'An, les recommandations de la L. S. A. doivent se faire plus précises encore. A cette époque de presse et de surmenage pour les vendeurs et les vendeuses, les acheteurs doivent diminuer la fatigue de l'employé, en réduisant le plus possible leurs exigences et leurs caprices ; ils doivent, à l'occasion, supporter avec patience les erreurs ou les manques d'attention si naturelles de la part d'un employé surmené ; ils doivent se garder de lui attirer par une réclamation hâtive et irréfléchie, une observation injuste, et de lui enlever peut-être son gagne-pain.

Que la sollicitude des membres de la L. S. A. s'étende à tous ceux qui travailleront pour eux durant les mois qui viennent : employés des grands magasins ou du petit commerce, ouvrières de l'aiguille, ouvriers et employés de l'alimentation, etc.

Que de soins devons-nous prendre pour que ces jours de fête ne soient pas pour d'autres hommes, pour d'autres femmes, pour des enfants qui se comptent par milliers, des jours d'épuisant labeur, des jours de souffrances et de tristesses !

Les membres de la L. S. A. savent combien les coups de téléphone adressés aux fournisseurs au dernier moment sont une cause de trouble et de presse pour le personnel ; ils savent quel est le triste sort des marmitons-pâtissiers que nos joyeux réveillons ou nos dîners de famille obligent à travailler durant *toute* la nuit de Noël.

Nous ne demandons pas à nos membres de renoncer à des coutumes traditionnelles ; nous leur demandons — quand il s'agit des pâtissiers, glaciers, etc. — de faire leurs commandes deux ou trois jours à l'avance, afin de permettre aux patrons de régulariser, d'*organiser* le travail de leurs ouvriers ; nous leur demandons — quand il s'agit d'acheter les cadeaux de Noël et du jour de l'An — de faire ces achats dès le commencement du mois de décembre et si possible dans la matinée.

Résumant notre prière instante en ce triple appel, nous leur disons à tous :

NE FAITES PAS
vos achats le samedi *après-midi.*

NE FAITES PAS
vos achats les autres jours de la semaine *après 8 heures du soir.*

NE FAITES PAS
vos emplettes du jour de l'An *au dernier moment,* c'est-à-dire durant les deux dernières semaines de décembre.

Nous ne nous faisons point d'illusions : sans la loi comme point d'appui et comme point d'aboutissement, notre action serait presque vaine ; mais avec la loi, par la loi et pour la loi, elle peut avoir une influence féconde. La Ligue Sociale d'Acheteurs collabore avec vous à un triple point de vue :

1° Elle habitue ses membres à comprendre et à désirer les lois protectrices des conditions du travail.

Cette partie éducative ne va pas sans difficulté ; car vous savez que le libéralisme économique trouve encore ses plus ardents défenseurs parmi les femmes. C'est Maria Martin s'écriant, au *Congrès des Œuvres et des Institutions féminines* de 1900 : « Au nom de la Justice, au nom de l'Egalité, prin-
« cipes sacrés de notre République, au nom de l'humanité,
« nous protestons contre toute loi qui entrave le travail de
« l'ouvrière. » C'est la Présidente même du Congrès qui, au *Congrès de la condition et des Droits de la femme*, en 1900, prononce ces paroles :

« Pour que la femme combatte son tempérament et ses
« goûts, pour qu'elle embrasse parfois les métiers les plus
« durs, qu'elle ruine sa santé en se faisant casseuse de sucre,
« qu'elle gagne la nécrose en travaillant aux allumettes, la
« tuberculose en préparant les fourrures, ou qu'elle s'use les
« ongles jusqu'à la chair en triant le charbon dans les mines,
« il faut que la nécessité l'y oblige, que le besoin de gagner
« son pain et très souvent celui d'enfants qu'elle n'a pas été
« seule à faire, mais qu'elle est seule à nourrir, soit très
« impérieux.

« Il semble qu'en pareil cas le premier devoir de l'humanité
« doit consister à lever devant la femme travailleuse les
« obstacles et les difficultés. La loi qui, soi-disant, la protège,
« les accroît, les amoncelle, au contraire, et va tout d'abord à
« l'encontre de son but. »

Il faut vous souvenir aussi que la protection légale des ouvrières n'eut alors pour soutiens que les délégués d'Allemagne et d'Angleterre et quelques rares femmes françaises — parmi lesquelles je me plais à citer Mme Vincent et Mlle Stéphanie Bouvard. — Il faut vous souvenir que le vœu suivant fut voté à la presque unanimité par le premier de ces deux Congrès féminins de 1900 :

« Le Congrès, considérant que dans l'état actuel de la
« société toute loi de protection visant spécialement la femme
« devient fatalement une loi d'oppression, demande pour elle
« la liberté du travail ! »

Pour aboutir dans cette tâche nécessaire et difficile, il faut

1° Que nous fassions connaître les lois de protection exis-
tantes. C'est pourquoi la Ligue sociale d'Acheteurs a édité
un tract, dans lequel M. Dufourmantelle, docteur en droit,
Professeur au Collège libre des Sciences sociales, a résumé la
loi du 2 Novembre 1892 et les différents décrets ultérieurs
s'appliquant au travail féminin (Tract n° 2 de la L. S. A.) (1).

De même elle voudrait faire connaître de plus en plus, en
en donnant des extraits ou des résumés, les rapports des
Inspecteurs divisionnaires, si remarquables et parfois si
poignants, qui restent enfouis dans des documents officiels et
ne dépassent pas un public restreint. Ce sont ces documents
qu'il nous faut vulgariser ; ce sont des faits comme ceux qui
se trouvent dans les Annexes du remarquable Rapport de
M. Paul Strauss sur la modification de la loi du 12 Juin 1893,
ce sont de ces faits d'expérience et d'observation personnelle,
qu'il faut jeter dans le public par des brochures populaires
ou par des tracts de propagande.

2° Après avoir donné à ses membres la connaissance des
lois, la Ligue d'acheteurs s'efforce de leur en faire contrôler
l'application. Et qui donc peut exercer ce contrôle plus
facilement que l'acheteuse, quand il s'agit, par exemple, de
cette *loi de façade* — le mot est d'un inspecteur divisionnaire
— qui est la loi des sièges ? Et quelle influence elle peut
exercer sur le chef de rayons, par ses observations, et surtout
par la menace de cesser de faire ses achats dans un magasin
où les vendeuses n'ont pas la permission effective de s'asseoir !

3° La Ligue sociale d'Acheteurs prépare l'opinion publique
à réclamer une amélioration légale des conditions du travail,
en faisant connaître soit de déplorables abus, soit de louables
initiatives et en accordant une réclame gratuite aux maisons
qui ont introduit un principe d'organisation meilleure.

Elle veut aussi appuyer les syndicats ouvriers dans leurs
réclamations professionnelles, — d'autant qu'elle est con-

---

(1) La Ligue distribue ses tracts gratuitement à tous ceux qui
lui en font la demande ; S'adresser à M. J. Bergeron, secrétaire-
adjoint, Hôtel des Sociétés savantes, 28, rue Serpente, Paris.

vaincue que la paix sociale doit être surtout assurée par la réforme légale adaptée aux diverses professions grâce à la collaboration des organismes professionnels.

Telle est la triple orientation qui explique l'intérêt qu'ont bien voulu prendre à la Ligue Sociale d'Acheteurs plusieurs des initiateurs et des membres agissants de *l'Association pour la protection légale des travailleurs*. Telle est la triple orientation qui explique que j'aie pris aujourd'hui la parole devant vous.

Nos enquêtes et la question du travail à domicile.

Mais pour réaliser ce programme, quelles sont nos méthodes ? Avant d'agir, et pour agir il faut *connaître*. Et notre méthode première, notre méthode par excellence est la méthode souveraine de toutes les sciences d'observation : la Ligue sociale d'acheteurs tourne le plus qu'elle peut les efforts de tous ses membres vers les enquêtes personnelles. Nous leur disons : Interrogez votre boucher, interrogez votre pâtissier, interrogez surtout la femme qui vous apporte le pain et la livreuse qui vous apporte votre robe. Mettez-vous au régime de l'enquête incessante. Bienfaisante curiosité, qui vous fera découvrir ici des actes de renoncement et de vertu cachée que vous ignorez, là des actes de despotisme sauvage que vous n'auriez jamais pu imaginer.

Voici la situation qui est née du régime capitaliste : à l'anonymat du capital répond l'anonymat du travail. Nous vivons comme anonymes entre anonymes. Ni nos fournisseurs, ni leurs ouvriers, ni leurs employés ne nous connaissent vraiment ; et nous non plus, nous ne les connaissons point. Il n'y a que les régimes antiques de l'esclavage qui puissent entrer en comparaison avec les régimes industriels du XIXᵉ et du XXᵉ siècle, au point de vue de ces relations anonymes entre les hommes.

Nous ne connaissons et, bien plus, dans la majorité des cas nous ne *pouvons connaître*, ni le mineur qui a extrait la houille que nous brûlons, ni l'ébéniste qui a travaillé la table que nous acheton   l même, Messieurs, l'ouvrier d'art qui a ciselé la broche ou la plaque de ceinture dont nous nous servons, ni même la jupière qui a cousu la robe chez notre couturière, ni surtout l'ouvrier ou l'ouvrière qui a façonné les habits que nous achetons tout faits dans les grands magasins.

Hélas, nous n'en sommes que trop convaincus : quels que soient nos efforts, beaucoup de ces êtres humains resteront, pour nous, par la force brutale du régime organisé, des inconnus. Mais il s'agit de savoir si nous regarderons cela comme l'idéal, ou si, nous rendant compte de la contradiction qui existe entre la plus élémentaire notion de la fraternité humaine et ce partage des hommes en compartiments fermés, nous n'aurons pas le désir impérieux et la salutaire ambition de briser, d'abattre, toutes les fois que nous le pourrons, la barrière malfaisante de ces cloisons étanches.

Si nous ne pouvons pas connaître tous les êtres qui travaillent pour nous, nous pouvons en connaître quelques-uns. Et si nous ne pouvons pas les connaître personnellement, comme nous le voudrions, nous avons le droit strict, — et j'ajoute le devoir, — de connaître les conditions générales d'hygiène et d'heures de travail qui leur sont imposées. A cela nous parviendrons et nous parviendrons par l'enquête.

C'est ainsi que par l'enquête quelques-uns de nos membres se sont appliqués à découvrir et à analyser les conditions de travail de certains métiers non protégés ; et ils sont arrivés à se rendre compte par eux-mêmes de la nécessité des lois de protection.

Nous pouvons citer un exemple typique des modestes et fécondes enquêtes faites par nos membres : je vous renvoie à un rapport sur les marmitons-pâtissiers, qui a été lu lors de notre 3ᵉ assemblée générale, par Mᵐᵉ G. Brincard, et dont vous trouverez le texte dans notre *Compte-rendu* de cette assemblée.

Et, si vous le voulez bien, je vous indiquerai même quelques questions principales sur lesquelles nous nous sommes déjà éclairés durant ces derniers mois, par les petits efforts de chacun de nous, par les questions et les observations répétées tous les jours. Ce sont là, sans doute, des idées qui, à beaucoup d'entre vous, paraîtront bien *évidentes*; mais je vous les exprimerai quand même, pour vous démontrer que notre travail a déjà élargi nos propres horizons; et cela vous intéressera peut-être, de voir à quelles conclusions amène le mécanisme expérimental de la Ligue sociale d'Acheteurs.

Combien de gens s'imaginent que le travail à domicile présente incontestablement, au point de vue de l'hygiène et de la moralité, plus de garanties que le travail à l'usine. Nous-mêmes, nous imaginions cela, avant d'avoir commencé l'enquête que nous poursuivons sur les entrepreneurs et les entrepreneuses.

A priori, *travail à domicile* et *foyer familial* sont deux idées si étroitement jointes par une longue tradition atavique, que de ramener le travail au domicile de l'ouvrière nous paraît d'un seul et même coup remédier à la plus grosse calamité de la grande industrie, et nous semble presque synonyme de rétablissement du foyer et de la famille.

Le travail à domicile est comme un Janus à deux faces : il a deux noms ; tantôt il s'appelle le « travail à domicile » et évoque spontanément toutes ces belles et nobles idées ; tantôt il s'appelle le « Sweating-System », c'est-à-dire le système de la sueur, et ce nom seul le voue à l'exécration. Et la distance est si grande entre les impressions que produisent ces deux termes, que certains s'imaginent que « travail à domicile » et « Sweating-System » sont deux choses différentes. Or c'est là, il faut bien le dire et le répéter, une seule et même chose. Sous l'influence de la concurrence inévitable, fatale, tout travail industriel à domicile aboutit tôt ou tard et plus ou moins — si l'on n'y prend garde et si la loi ne s'y oppose — au sweating-system.

Dans la situation actuelle de l'industrie, quels sont en effet les métiers qui peuvent alimenter le travail à domicile dans les plus grandes villes, et surtout le travail féminin à domicile ? Ce sont les métiers qui peuvent se contenter d'une main-d'œuvre médiocre et d'un outillage relativement simple.

Il faut que le métier comporte un apprentissage rapide, qui ne s[oit] même pas un apprentissage au vrai sens du mot.

De ce fait premier il résulte nécessairement que le nombre d'ouvriers et d'ouvrières admissibles à ce métier, au travail à l'aiguille, par exemple, sera pour ainsi dire illimité. Dès lors chaque ouvrier ou ouvrière est à tous les instants menacé par la concurrence de cette multitude anonyme et innombrable qui aspire à faire le même ouvrage ; il est d'autant plus menacé qu'il n'est pas défendu par une compétence professionnelle péniblement acquise et lui créant une vraie spécialité.

Il est obligé de subir sans se plaindre toutes les conditions de l'entrepreneur ou de l'entrepreneuse ; de plus, il est presque fatalement entraîné, par cette crainte perpétuelle du voisin concurrent, à accepter ou même à demander plus de travail qu'il n'en peut faire. Sentant une foule affamée prête à dévorer cette bouchée de travail médiocre qui lui est accordée, l'esprit dominé par cette menace incessante que le travail ne lui manque demain, l'ouvrière à domicile, — surtout dans cet état de surexcitation nerveuse où elle se trouve par métier, — ne peut pas mesurer ses forces : elle désire et elle prend tout ce qu'elle peut atteindre : elle se condamne elle-même au surmenage le plus épuisant (1).

L'ouvrière à domicile d'aujourd'hui n'a pas une tâche, elle a un ouvrage, un ouvrage précis, à terminer pour une heure précise : elle a pris cet ouvrage à forfait ; haletante, elle doit arriver à l'heure : sinon c'est la suppression du travail et du gagne-pain.

Etant donné le caractère du seul travail qui peut aujourd'hui se distribuer à domicile en grandes masses, dans nos cités, il faut bien comprendre que le travail à domicile est nécessairement subordonné à cette organisation funeste : qu'on nous cite un seul ordre de travail à domicile *urbain*

---

(1) Elle y est très souvent entraînée et contrainte par le sweater lui-même ; voir Théodore Cotelle, Le Sweating-System, Angers, 1902, p. 124.

qui échappe à cette condition de l'ouvrage accepté à forfait et pour une heure fixe. Et dès lors est-ce que le travail à domicile ne devient pas nécessairement le *sweating-system* ?

Bien plus, cette obligation où se trouve l'ouvrière ou l'ouvrier de se jeter toujours avidement et âprement sur le travail qui lui est offert, cette tentation inévitable de se charger d'un excès d'ouvrage, transforme rapidement l'heureux ouvrier ou ouvrière à domicile, — c'est-à-dire celui qui obtient aisément du travail, — à devenir plus ou moins consciemment à son tour un donneur, un distributeur d'ouvrage, c'est-à-dire un entrepreneur.

Et s'il le peut, il commencera toujours par encombrer son propre domicile, son propre foyer par quelques travailleurs de hasard qui l'aideront pour sa besogne excessive. Ces travailleurs de hasard seront à sa merci, comme il l'est lui-même vis-à-vis de celui dont il reçoit l'ouvrage. Et cette complication nouvelle du travail prétendu familial va se traduire par deux faits, qui caractérisent essentiellement le sweating-system : nouvelle exagération des heures de travail, et nouvel abaissement du taux des salaires.

Il y a là un mécanisme qui porte en lui-même des conséquences inéluctables.

Comment en serait-il autrement ? Cette espèce de distribution du travail entraîne les travailleurs, — dans l'état d'émiettement individualiste où ils se trouvent, — à un mode rudimentaire de première agglomération : et, notre société étant désorganisée, l'agglomération rudimentaire est une agglomération autoritaire, je dirais presque despotique. A la longue, l'ouvrier ou l'ouvrière est contraint de renoncer à travailler seul : s'il travaille seul, il perd son temps et ses forces — un temps et des forces qui, loin de lui être payés, correspondent aux dépenses des frais de transport — à aller chercher et livrer son ouvrage : il doit subir ces heures d'attente ; il doit subir aussi les exigences, les caprices, les duretés et les mépris de celui ou de celle qui donne l'ouvrage, et qui est d'autant plus difficile et injuste que l'être qui est à sa discrétion est plus faible et plus seul.

Il est d'autres considérations qui ont aussi leur valeur, mais sur lesquelles vous êtes déjà édifiés et sur lesquels je passerai rapidement.

Le travail à domicile est évidemment exécuté dans des conditions d'hygiène déplorables. Le seul fait — et c'est ce qui caractérise le *sweating-system* comme le remarque très justement Cotelle — que l'atelier et la chambre ne sont qu'une seule et même pièce, dépossède la famille de toutes les garanties de l'hygiène la plus élémentaire.

Tous les médecins et les philanthropes qui se sont occupés dans ces dernières années de la lutte contre la tuberculose ont fait ressortir à quel point les ateliers élémentaires du travail à domicile constituaient des foyers de propagation et de contamination pour toutes les maladies épidémiques. Au dernier Congrès d'hygiène de Bruxelles, le Dr Brouardel a demandé, au nom de l'hygiène, la protection légale du travail à domicile. Ecoutons d'autre part les déclarations du Docteur Epstein, de Munich :

« Autant que l'usine, le salaire de famine est pourvoyeur de » maladies. La femme ne peut se nourrir, l'anémie, la tuber-» culose sont les suites du manque de nourriture...... Les » heures de travail trop prolongées amènent aussi le dévelop-» pement des maladies chez la femme (1) ». Or, c'est dans » le travail à domicile que les heures sont les plus longues.

Et vous rappellerai-je aussi les maladies morales qui résultent de cette promiscuité des travailleurs et des travailleuses en des ateliers aussi rudimentaires ? Que devient alors le foyer familial ?

Enfin, le travail à domicile, par sa forme même, échappe, beaucoup plus que le travail à l'usine, à toute amélioration, à toute réforme.

Aussi voyons-nous certains industriels devenir aujourd'hui les partisans du travail à domicile ; c'est pour eux un moyen de tourner les lois de protection qui visent les usines.

____

(1) Dr Epstein, Die Erwerbsthätigkeit der Frau in der Industrie und ihre sozialhygienische Bedeutung, Frankfurt a. M. 1901, p. 23.

A mesure que la protection légale se développe, le travail à domicile tend et tendra à se développer.

« A cause des lois de protection, dit encore le D' Epstein, » les enfants ont été rejetés de l'usine dans le travail à domi- » cile, ceci est un fait reconnu dans tous les pays. » L'inspecteur suisse, Schuler, a dit dans son rapport sur le travail en Suisse : « Il nous faut reconnaître jusqu'à un certain point « que les lois de protection ont appelé le travail à domicile. » (p. 12).

En France, les inspecteurs divisionnaires du travail déclarent eux aussi, dans leurs rapports officiels sur l'application en 1901 et en 1902 de la loi du 2 novembre 1892, que le nombre des ateliers de famille a augmenté ; et cela parce que des industriels ont pu éviter, à la fois, l'application des lois sur le travail et les frais de construction d'édifices, en confiant à des façonniers des travaux que ces derniers font à domicile sous le régime des ateliers de famille (1). Aussi, ne serez-vous plus étonné que la Ligue de Consommateurs de l'Illinois ait pu résumer ainsi les maux du *sweating-system* — en un pays, il est vrai, où la famille est beaucoup moins solide et résistante que chez nous, et où le *sweating-system* sévit avec une violence exceptionnelle :

1) Le travail à domicile, c'est le mari insuffisamment payé qui laisse sa femme soutenir la famille en travaillant, au lieu de combattre sans trêve lui-même pour obtenir le salaire familial.

2) Le travail à domicile, c'est la fillette de 10 ans empêchée d'aller à l'école, obligée de faire le ménage et de garder les petits enfants, tandis que la mère coud à la machine...

4) Le travail à domicile, c'est la journée de travail sans limite, le travail à la machine, le travail surmenant pendant quelques mois, suivi des longues périodes de morte-saison.

5) Le travail à domicile, c'est l'abaissement progressif du salaire de l'ouvrier employé à l'usine, auquel on dit : « Si

____

(1) *Bull. Off. Travail*, 1902, p. 683, 684.

vous ne voulez pas accepter ce salaire, nous donnerons l'ouvrage à faire à domicile ».

Quels sont les remèdes à cette situation ? Ils ne peuvent être ni simples ni aisés ; et nous n'arriverons pas à l'améliorer avec une formule de charlatans destinée à guérir tous les maux. Mais ce que je puis vous assurer, c'est que ces découvertes, trop souvent lamentables, nous donnent encore plus d'ardeur et plus de courage ; et vous conviendrez avec nous, que de connaître ce qui existe est la première condition de toute amélioration et de toute réforme.

Cours d'enquêtes de M. du Maroussem.

Notre travail est forcément jusqu'ici très incomplet,—nous le reconnaissons en toute modestie et sincérité, — parce que nous ne sommes pas assez formés au point de vue professionnel et pratique. Mais laissez-nous le temps: nous le deviendrons. En vue de cette formation des membres de la L., S., A. nous venons d'organiser un enseignement spécial ; nous avons fait ce que n'a fait encore aucune organisation similaire dans les autres pays. Nous avons cherché à constituer une sorte d'école d'apprentissage et nous en avons confié la direction à un homme qui est maître par excellence en fait d'enquêtes : M. du Maroussem. C'est hier lundi 9 novembre, à 4 h. 1/2, au Collège libre des Sciences Sociales, que M. du Maroussem a fait son premier cours d'enquêtes, spécialement destiné aux membres de la Ligue sociale d'Acheteurs.

Ainsi la clairvoyance et l'activité de nos membres iront toujours croissant, j'en suis bien sûre. Mais quelles que soient et quelles que deviennent cette clairvoyance et cette activité, nous ne nous faisons aucune illusion : Notre rôle ne sera effectif que si nous avons la collaboration cordiale des ouvriers et ouvrières. Nous avons besoin d'eux et d'elles pour nous renseigner sur les conditions vraies, non seulement de tels ou tels métiers, mais encore de tels ou tels ateliers. Ils sont, eux, les parties vivantes et agissantes par excellence du monde du travail ; les conditions qui leur sont faites sont précisément ce que nous voulons modifier et améliorer dans la mesure de nos modestes efforts. Et comment dès lors y arriverons-nous sans leur concours et sans leur sympathie ?

Un des premiers actes de la Ligue d'Acheteurs, une fois sa première liste constituée, a été de la faire connaître non seulement aux adhérents à la Ligue mais aux ouvrières couturières. M. Bergeron et moi sommes allés à la Bourse du Travail et nous avons remis des exemplaires de la liste blanche à la Chambre syndicale des ouvrières couturières, en demandant avec insistance qu'on nous communiquât toutes les observations qu'on jugerait utiles et justes. Nous renouvelons au syndicat des ouvrières, s'il est ici représenté, l'assurance de nos intentions fondamentales et nous lui serons toujours reconnaissants des informations précises et prouvées qu'il voudra bien nous apporter.

Entendons-nous bien. Nous ne cherchons pas à faire une œuvre de guerre, mais une œuvre de paix utile. Nous ne demandons pas qu'on lance avec violence tel ou tel nom dans telle ou telle Assemblée : ce sont là des manifestations qui ne peuvent aboutir qu'à créer d'irréductibles animosités. Ce que nous demandons aux syndicats ouvriers et patronaux, c'est d'apporter à nous informer la précision et l'objectivité de la méthode scientifique. Qu'ils renseignent notre secrétariat, et nous pouvons leur certifier que jamais nous ne négligerons de les soutenir dans leurs justes revendications.

Bien des gens croient nous effrayer en nous montrant la difficulté de cette tâche. Les difficultés, nous les voyons aussi bien qu'eux et plus qu'eux, puisque nous nous heurtons à elles. Mais nous avons la conviction profonde que nous arriverons à faire brèche dans cet anonymat industriel qui de partout nous enserre. Nous ne pouvons nous résigner à ce que s'implante de plus en plus cet illogisme pharisaïque entre nos idées et nos actes. Et si nous avons persuadé à quelques-uns seulement qu'ils n'ont pas le droit de parler de justice, tant que pèse sur leurs épaules le poids de ce manteau, de ce complet, de cette robe dont ils ne savent pas même l'origine et qui est peut-être le fruit d'une exploitation éhontée ; si nous avons fait entendre à certains qu'ils n'ont pas le droit de faire imprimer leurs belles phrases par des ouvrières typographes payées au rabais, j'estime, Messieurs, que nous n'aurons pas perdu notre temps.

CONCLUSION

Quels sont nos vœux et nos desiderata ?

Et maintenant, Messieurs, puisque vous avez bien voulu nous inviter à venir vous exposer notre programme et notre tactique ; puisque vous avez bien voulu nous écouter quand nous vous expliquions par quelles idées et par quelles mesures notre action s'associe étroitement à l'action même de votre Association, permettez-nous de vous dire à notre tour quels sont, avec vous et vis-à-vis de la loi, nos desiderata.

Nous associant étroitement au vœu de la section française à la réunion du Comité pour la protection légale des travailleurs, réuni à Cologne en 1902, nous rangeant absolument à l'avis de M. Laporte, Inspecteur divisionnaire de la 1re circonscription, nous autres, groupe de clients et de clientes, nous nous élevons contre le régime des exceptions sanctionnées par la loi de 1892 : contre la prolongation de la journée de travail légale accordée à certaines industries. Ces exceptions sont le grand obstacle que nous avons trouvé partout en travers de notre route. En admettant ce régime, on a cédé à des considérations qui paraissaient justes. En réalité, le régime des exceptions est un encouragement à la fraude. Nous faisons absolument nôtres les paroles prononcées par M. Keufer au Congrès de Cologne pour la protection légale :
« Dans l'industrie de la couture et du vêtement, on ne compte
» plus les fraudes cyniquement pratiquées et qui suffiraient
» à elles seules à faire interdire toutes les exceptions : — Dans
» un atelier parisien, à la veille du Grand-Prix, les ouvrières

» sont restées présentes pendant plus de 30 heures consé-
» cutives. Dans ces métiers, l'habitude du travail de nuit est
» prise, ajoute M. Keufer, parce que la clientèle sachant que,
» si elle insiste, le couturier ne fera pas de difficulté pour
» en passer par où elle veut, donne libre cours à ses fantai-
» sies : les demi-mondaines sont les plus exigeantes. Or, il
» est vraiment inadmissible que pour satisfaire aux caprices
» de quelques femmes qui ne voient pas au-delà, on perpétue
» le honteux système actuel. Quand le travail de nuit sera
» interdit, l'inspection sérieusement faite et des sanctions
» suffisantes, édictées, la clientèle, sachant à quoi s'en tenir,
» prendra l'habitude de commander en temps utile (1). »

Encourager le caprice et l'imprévoyance de certaines clientes, disons-nous à notre tour, c'est encourager aussi le caprice et l'imprévoyance de certaines premières ou patronnes d'ateliers : si les ouvrières sont obligées de veiller, c'est assurément que la patronne a accepté plus de besogne qu'elle ne pouvait en terminer; mais c'est aussi parce que l'ouvrage n'a pas été distribué aux ouvrières avec méthode : ainsi, elles sont obligées de donner un formidable coup de collier de 4 heures de l'après-midi à 7 heures ou même 10 et 11 heures du soir, pour rattraper les heures perdues au commencement de la journée par les premières ou les patronnes.

Encore une fois, le régime des exceptions est une prime au désordre et à la fraude, comme les amendes, Messieurs, sont un obstacle trop frêle, un châtiment trop léger : de 5 à 15 francs, de 16 à 100 fr. pour les récidivistes, — c'est estimer bien peu le prix de ces jeunes vies que consume la veillée homicide ! Tant que les patrons ou patronnes ne seront pas exposés à des châtiments plus efficaces — comme la publication de leurs noms dans les procès-verbaux qui leur sont dressés (la chose se fait en Angleterre, et vous pouvez voir le nom de couturières condamnées par telle ou telle inspectrice du travail, dans la Revue des Trades-Unions féminines); — tant

____

(1) Voir *Le travail de nuit au Congrès de Cologne*, par G. Alfassa, Paris, Larose, 1903, p.21.

que vous ne publierez pas les noms et que vous ne décréterez
pas, en cas de récidive, la fermeture temporaire de l'atelier,
vous n'empêcherez pas de violer la loi.

Outre la suppression des exceptions, nous demandons
autre chose, nous formulons un autre vœu. D'après tout ce
que nous avons dit du travail à domicile, vous comprendrez
sans peine que les maux du travail à domicile soient le sujet
de nos principales préoccupations actuelles.

En vue de la lutte contre le *sweating-system*, la Ligue des
Consommateurs de New-York et celle du Massachusetts ont
l'appui de la loi. Vous savez que les Inspecteurs du travail
ont droit d'entrée dans les ateliers en chambre et peuvent
les fermer en cas d'insalubrité et de maladies contagieuses.
De plus, et grâce aux instances réitérées de la Ligue des
Consommateurs de New-York, l'inspection du travail a
obtenu une réforme plus importante : l'obligation pour les
patrons d'inscrire sur un registre le nom et l'adresse des
ouvriers en chambre occupés par eux. « C'est le grand
événement de 1901, écrit la Secrétaire de la Ligue nationale,
c'est notre œuvre capitale ». A l'heure actuelle — et ceci vous
marque les relations constantes établies entre la Ligue améri-
caine des Consommateurs et l'Inspection du Travail en Amérique — à l'heure actuelle, la Ligue a droit de contrôle sur le
registre des travailleurs en chambre que détient l'Inspecteur
divisionnaire et elle peut renseigner ses membres sur les
conditions faites à l'ouvrier en chambre qui travaille pour
tel tailleur ou tel chemisier.

Je me suis entretenue durant cet été avec l'infatigable
présidente de la Ligue de New-York, Mrs Nathan, qui était
venue passer quelques mois en Europe ; et elle me racontait
qu'elle avait même obtenu du Département de l'Hygiène (qui
correspond à notre Office du Travail) une plaque d'inspectrice, qui lui permet en tant que Présidente de la Ligue de
Consommateurs de procéder à des enquêtes et de faire des
rapports.

Nous voudrions, nous aussi, attirer l'attention sur l'importance sociale du travail à domicile. Nous voyons que notre

effort doit porter sur ce point ultime qui est devenu trop souvent et par malheur la racine du mal. Baisse des salaires, concurrence déloyale, travail de nuit : tous ces maux germent dans cette chambre familiale où vous n'osez pas entrer.

Il faut sauver le travail industriel, et il faut sauver en même temps le foyer familial. Bien entendu, nous ne sommes pas les adversaires du foyer familial. Tout au contraire : si le travail pouvait être organisé à domicile avec toutes les garanties d'hygiène, de salubrité et de réglementation que nous souhaitons, c'est cette forme du travail industriel qui aurait nos sympathies (1). Et par la législation, si elle ne tarde point, si elle est adaptée aux misères actuelles, on pourra peut-être rétablir pour le foyer familial une sauvegarde qu'a détruite le régime de la concurrence. Partisans décidés d'une saine organisation du travail et du travail à domicile, nous dénonçons le domicile actuel, pour que l'atelier à domicile de demain puisse redevenir ce qu'il fut jadis et ce qu'il est encore aujourd'hui en quelques pays et en quelques cas exceptionnels.

C'est notre devoir de hâter l'œuvre de salubrité publique, d'en proclamer la nécessité, avant que la multiplication des ateliers clandestins rende notre besogne plus difficile encore. Œuvre d'éducation vis-à-vis du public. Œuvre de réclame vis-à-vis des commerçants. A l'heure actuelle, il serait de bonne réclame pour eux de pouvoir offrir à leur clientèle une marque de fabrique, synonyme d'hygiène et d'équité. Si nous pouvions dire aux membres des Ligues d'Amérique, de Hollande ou de Suisse qui traversent Paris : Allez dans tel magasin de nouveautés, parce que lui seul détient telles mar-

____

(1) Nous sommes en cela absolument d'accord avec les législateurs de la Nouvelle Zélande qui, loin de chercher comme le gouvernement de Victoria, la suppression du travail au foyer familial, ont voulu sauvegarder les droits du travailleur à domicile en protégeant celui-ci contre lui-même et contre ceux qui l'exploitent. D'ailleurs, nous résumerons et comparerons les deux législations de Victoria et de la Nouvelle-Zélande, quant au travail à domicile, dans un livre qui paraîtra prochainement sous ce titre : *l'Exploitation de la femme, Étude d'économie sociale ouvrière.*

chandises faites dans des conditions approuvées par nous, croyez-vous que cette réclame gratuite et désintéressée ne lui serait pas utile? (1). Pour commencer la réforme dans cette voie, nous demandons d'abord que ces ateliers invisibles, perdus dans des rues lointaines, à des étages inaccessibles, soient au moins connus, que la liste en puisse être dressée. Et désireux tout à la fois de borner nos efforts, et de commencer cependant une action sérieuse, nous souhaitons qu'on oblige les patrons à inscrire sur un registre — dont le double sera communiqué à l'Inspection du travail et à la Ligue sociale d'acheteurs — la liste complète des ouvriers en chambre occupés par eux.

Il me semble, Messieurs, que de plus en plus nos efforts peuvent et doivent être convergents. Tant que l'opinion publique n'est pas atteinte et remuée, toute loi, vous le déclarez vous-mêmes, est d'une application difficile. Jusqu'à présent, chez nous, toute intervention législative a été accueillie par la clientèle avec une parfaite indifférence, ce qui est presque plus grave que l'hostilité. C'est contre cette indifférence que s'acharne la Ligue Sociale d'Acheteurs. Nous nous souvenons que c'est grâce à la pression de l'opinion publique, après les révélations du journal Australien, *The Age*, sur le *sweating system*, que le gouvernement de Victoria a élaboré les lois de protection des travailleurs en chambre. Nous voudrions arriver ainsi, par des campagnes d'opinion, si vous voulez bien nous aider, à faire sentir la nécessité urgente de certaines réformes. Que pouvons-nous par exemple pour les employés de commerce? pour les employés de l'alimentation? Que pouvons-nous contre l'exploitation honteuse des apprentis-pâtissiers ou charcutiers, si nous n'avons pas l'appui de la législation? N'avons-nous pas le devoir de lutter sans trêve contre une ignorance et une inertie dont nous

------

(1) Madame Frederick Nathan, présidente de la Ligue des Consommateurs de New-York vient de faire demander 300 exemplaires de la Liste blanche de la Ligue Sociale d'Acheteurs de Paris, listes blanches qui seront distribuées au Meeting annuel de New-York le 20 janvier 1904.

avons pu voir, il y a quelques jours, l'expression décevante :
rappelez-vous que la réforme si juste proposée au Sénat, au
sujet de l'extension de la juridiction des prudhommes aux
employés de commerce, a été repoussée !

Nous ne sommes pas, nous autres, Messieurs, des théori-
ciennes : nous ne sommes pas venues ici simplement pour
exposer des idées, mais aussi pour agir ; et nous vous demandons de prendre en considération les deux vœux qui suivent :

1° L'Association pour la protection légale des travailleurs,
d'accord avec la Ligue Sociale d'Acheteurs, émet le vœu que
le régime des exceptions toléré et, partant, sanctionné par la
loi de 1892, soit supprimé.

2° L'Association pour la protection légale des travailleurs,
d'accord avec la Ligue Sociale d'Acheteurs, émet le vœu qu'on
se préoccupe et qu'on s'occupe le plus tôt possible de la réglementation du travail à domicile.

Et comme vous êtes déjà convaincus, Messieurs, de la
nécessité du premier de ces deux points, nous vous supplions
d'entreprendre avec nous la lutte contre le *sweating system*.
Nous avons l'ambition résolue d'arriver à des résultats tan-
gibles, et nous réclamons *votre* concours, parce que nous en
savons le prix.

M. le Président invite les auditeurs à exprimer leur avis
sur le rapport qui vient de leur être lu :

M. Keufer, se déclare très impressionné par le remarquable rapport de Mᵐᵉ Brunhes qu'il vient d'entendre. Il en est
d'autant plus satisfait, que ce rapport vient à l'appui d'idées
qui sont les siennes et qu'il a toujours soutenues.

Il veut présenter quelques observations sur deux points
spéciaux :

1°) Sur l'intervention de la loi en ce qui concerne les
femmes.

2°) Sur ce qui a été fait pour la profession des typographes,
par la Fédération des syndicats dont il est le secrétaire, en
vue d'obtenir certains des résultats que la Ligue Sociale
d'Acheteurs poursuit :

1° En ce qui concerne le travail des femmes la promulgation de lois de protection ne suffira pas. Il faut d'abord et surtout une *opinion préparée* qui ne reste pas indifférente à leur application. Mais surtout il faut que les ouvrières soient résolues à faire appliquer la loi, et qu'elles se rendent compte que là est leur intérêt bien entendu. Dans l'industrie en général, et dans celle du vêtement en particulier, les conditions de travail de la femme sont lamentables et préparent un avenir effrayant au triple point de vue physique, moral et familial. Mais, par un cercle vicieux, l'extrême misère qui est leur lot amène souvent ces malheureuses femmes à accepter cet état de choses.

Dernièrement une couturière lui confiait que, dans l'année écoulée, elle avait accompli, par le jeu des heures supplémentaires, 500 jours de travail au lieu des 365 que compte l'année. — « Mais, lui dit M. Keufer, il y a des inspecteurs » du travail pour empêcher de pareils abus; dites-moi le » nom de la maison où ils se commettent. » — « Je m'en » garderai bien », lui fut-il répondu, « car j'ai deux filles à » élever, et, avec les salaires actuels, je n'y parviendrais pas, » sans le secours de ces heures supplémentaires ».

Ce n'est, hélas! pas un cas isolé. Dans trop de familles ouvrières, les salaires sont tellement réduits que le travail supplémentaire est chose normalement indispensable. Aussi l'intervention de la loi est elle inefficace, par suite de la complicité des ouvrières et du public. L'intervention de l'initiative privée comme on nous la propose peut donc rendre les plus grands services, en recherchant chaque fois qu'un achat est nécessaire si la maison fait à ses ouvriers des conditions de travail satisfaisantes. — M. Keufer et ses camarades du Livre appuieront donc très énergiquement la Ligue Sociale d'Acheteurs partout où ils pourront avoir de l'influence.

2° — En Amérique les ouvriers sont parvenus à défendre énergiquement leurs intérêts en faisant réussir l'institution d'une marque de fabrication, le « *label* ». Les ouvriers américains ne consomment que les objets portant le « *label* ». Ils ont ainsi mis au service de leur cause leur puissance de consommation encore plus considérable que leur puissance de production : leur action comme consommateurs a donné des résultats encore plus réels, que comme producteurs. — Les travailleurs français, s'ils suivent cet exemple, aideront au succès de la Ligue Sociale d'Acheteurs.

En France, les typographes ont appliqué la méthode du label, en portant sur tout ce qui est imprimé dans les maisons qui ont adopté le tarif élaboré par la Fédération du Livre pour chaque région, une mention le faisant connaître.

M. Keufer souhaite à la Ligue le succès qu'elle mérite par le but si utile et si élevé qu'elle poursuit ; mais une autre cause de succès, c'est le concours de l'initiative privée provoquée, stimulée par le précieux, l'indispensable concours des femmes de toutes les classes.

M. CAMPREDON — Inspecteur du travail — s'associe pleinement aux vœux exprimés par Mme Brunhes dont il a suivi avec intérêt la remarquable conférence. — Il émet le vœu, qu'à l'instar des autres pays, les Ligues sociales d'Acheteurs créées en France, se mettent en rapport avec le service de l'Inspection du Travail : leur collaboration pouvant, comme celle déjà acquise des syndicats professionnels, être d'une grande utilité pour l'application plus stricte et plus parfaite des lois sur le travail et la suppression du *sweating-system* ; c toutes les indications impartiales et sans passion sont précieuses aux agents d'exécution des lois sur le travail, dans l'accomplissement de la tâche à la fois si lourde et si délicate qui leur incombe.

Mme BRUNHES accepte avec reconnaissance l'offre qui vient d'être faite. Même en restant purement officieuse, cette collaboration aura les résultats les plus féconds.

M. LE PRÉSIDENT prend acte au nom de l'Association de cet échange de déclarations, dont il se réjouit.

M. LE Dr FAUQUET. — Le rapport de Mme Brunhes constitue une préface remarquable à l'étude de la question du travail à domicile que l'Association se propose de poursuivre. Pour l'instant, je voudrais simplement attirer l'atten-

tion sur un côté de la question qui intéresse plus particu-
lièrement les acheteurs. Le travail en chambre ne nuit pas
seulement à la classe ouvrière : c'est aussi un danger pour
la santé publique. La diphtérie, la variole, la scarlatine et
d'autres maladies contagieuses peuvent être répandues dans
le public par l'intermédiaire des objets confectionnés dans
les logements misérables où vivent et travaillent les ouvriers,
et qui sont si souvent des foyers d'épidémie. Ce danger de
contagion est d'autant plus sérieux que c'est principalement
dans l'industrie du vêtement que le travail en chambre est
le plus développé.

Aux États-Unis, en Angleterre, dans tous les pays où la
lutte contre le sweating system a été menée avec le plus de
vigueur, l'émotion soulevée dans le grand public par la
crainte de la contagion a été pour beaucoup dans les résultats obtenus. Le fait suivant est assez significatif. L'inspecteur du travail de Swansea rapporte que, durant l'épidémie
de variole qui sévit dans cette ville en avril 1896, plusieurs
poursuites furent exercées en exécution de l'Act de 1895, qui
interdit de mettre en vente des objets fabriqués dans des
chambres où se trouvent des cas de variole ou de scarlatine.
La publication de ces procès dans les journaux, démontrant
l'importance de la nouvelle loi, créa une grande agitation.
Les protestations des consommateurs furent telles que beaucoup de fabricants de vêtements abandonnèrent le système
de la remise du travail au dehors et ouvrirent des ateliers
réguliers.

En règle générale, le public acheteur se laissera plutôt
guider par son intérêt que par des préoccupations morales.
Faisons-lui comprendre que dans l'intérêt de sa propre santé,
il doit exiger que les marchandises qui lui sont offertes aient
été confectionnées dans des ateliers réguliers et salubres.

Mme MOREAU. — Des paroles qu'a prononcées tout à l'heure
M. Keufer, on doit conclure qu'il faut considérer les ouvriers
aussi à leur point de vue de consommateurs et les associer à
l'action de la Ligue. Quels sont les moyens pratiques de le
faire, en particulier en ce qui regarde les cotisations ?

M. Brunhes. — Ce serait en effet très désirable et je demanderai à M. Keufer après la séance de bien vouloir s'en entretenir avec moi. En ce qui regarde les cotisations, le problème est très simplifié par l'acceptation des cotisations de groupes.

M. Alfred Perrin, secrétaire-général des *Unions fédérales*. — L'adhésion et le concours des syndicats patronaux me paraît très souhaitable et je ne doute pas que beaucoup d'entre eux ne la donnent.

Comme secrétaire-général de 24 syndicats patronaux, je crois pouvoir assurer la *Ligue* de leur bonne volonté. Mais il faudrait établir ce qu'on leur demande dans l'ordre pratique. A-t-on déjà obtenu quelque chose, des syndicats patronaux en France, comme en Suisse et en Hollande ?

M. Emmanuel Rivière appule énergiquement en sa qualité de patron ce qu'a dit M. Keufer au sujet de l'industrie du Livre.

La Ligue sera fort utile pour suppléer l'Inspection du travail qui est débordée.

Dans certains endroits, les patrons savent l'arrivée de l'Inspecteur dès sa descente du train et se préviennent charitablement.

Les acheteurs, inspecteurs bénévoles, dont la figure n'est pas connue comme celle des inspecteurs officiels, seront d'un grand secours, en ce sens qu'ils détiennent entre leurs mains ce terrible pouvoir d'achat et par suite la vie matérielle de l'industrie : on cède à un client parce qu'on a intérêt à céder, parce qu'on ne peut pas se passer de lui ; on élude facilement la surveillance d'un Inspecteur qui ne s'exerce et ne peut s'exercer que fort rarement.

— M. Marcel Pournin. — Avant d'étendre le domaine de la législation protectrice et par conséquent avant d'augmenter les pouvoirs des Inspecteurs, il serait indispensable de leur donner la facilité d'exercer ceux qu'ils tiennent de la loi. Or un arrêt de la Cour de Cassation, du 12 juillet 1902, décide que les Inspecteurs ne pourront réclamer l'ouverture des établissements où le travail de nuit n'est pas organisé, que lorsqu'il auront recueilli des indices leur permettant de croire à une contravention du travail, ce qui est manifestement contraire à l'intention du législateur. L'Association pourrait émettre le vœu qu'une loi interprétative vienne fixer d'une manière précise les pouvoirs des inspecteurs.

M. LE PRÉSIDENT constate que ces paroles ont reçu une adhésion unanime. Mais cela ne rentre pas dans le cadre d'une discussion sur la Ligue Sociale d'Acheteurs: cette observation viendra mieux lorsqu'on s'occupera de l'Inspection du travail.

M. L'ABBÉ LEMIRE. — Le but de la Ligue a été nettement défini dans le rapport de Madame Brunhes: substituer à l'anonymat de la chose, le devoir de l'acheteur vis-à-vis de l'ouvrier qui a fait la chose et qui est derrière. L'abbé Lemire croit que l'entente avec le clergé à ce point de vue, pourrait aider puissamment la Ligue. Il s'agit là, en effet, d'une question de morale pratique qui est une application de la morale générale que les prêtres ont pour mission de défendre et de propager.

Il offre son intermédiaire pour faire ressortir ce point et préparer ce concours du clergé; il ne doute pas que les prêtres présents à la séance ne s'associent à ses paroles.

M. LE PRÉSIDENT annonce qu'il va lire les projets de vœux.

M. RAOUL JAY. — Une résolution préalable est nécessaire: Il faut avant tout affirmer la sympathie de l'Association pour la Ligue sociale d'acheteurs, son désir de l'aider par tous ses moyens, c'est-à-dire donner une formule précise aux sentiments qui se sont si chaudement manifestés au cours de la séance, et on pourrait le faire en ces termes.

« L'Association nationale française pour la pro-
» tection légale des travailleurs, après avoir entendu
» le beau rapport de Mᵐᵉ Brunhes, exprime une cha-
» leureuse sympathie à la Ligue sociale d'acheteurs
» et se déclare disposée à lui prêter son concours
» par tous les moyens en son pouvoir. »

Cette résolution est adoptée à l'unanimité.

M. le Président met aux voix successivement les trois vœux suivants :

I. — « L'Association nationale française pour la
» protection légale des travailleurs, d'accord avec
» la Ligue Sociale d'Acheteurs, émet le vœu que le
» régime des exceptions toléré et partant sanctionné
» par la loi du 2 novembre 1892 soit supprimé. »

Ce vœu est adopté à l'unanimité.

II. — « L'Association nationale française pour la
» protection légale des travailleurs, d'accord avec
» la Ligue Sociale d'Acheteurs, émet le vœu qu'on
» se préoccupe et qu'on s'occupe le plus tôt possible
» de la réglementation du travail à domicile. »

Ce vœu est adopté à l'unanimité.

III. — « L'Association nationale française pour la
» protection légale des travailleurs, considérant les
» avantages qu'a apportés dans les pays étrangers,
» notamment aux États-Unis, l'action combinée des
» Ligues d'acheteurs et des Inspecteurs du travail,
» émet le vœu qu'une collaboration active et intime
» s'établisse en France entre la Ligue sociale d'ache-
» teurs et les Inspecteurs du travail. »

Ce vœu est adopté à l'unanimité.

u est co p s de vingt-quatre membr
pr portionnelle est appliquée à l'élection des me
e, si 50 membres de l'Assemblée générale en font la

du Comité directeur sont élus pour trois ans.
ransitoire, le Comité directeur nommé par la première
ale ne sera composé que de douze membres ; une nouvelle
érale, réunie au plus tard en janvier 1902, sera appelée
Comité par la nomination de douze nouveaux membres,
élection complémentaire et pour les élections ultérieures,
par correspondance sera admis.

Art. 9

e Comité directeur est renouvelé par tiers tous les ans.
membres sortants sont désignés par le sort et sont rééligibles.
L premier renouvellement par tiers aura lieu en janvier 1903.

Art. 10

l Comité directeur nomme son bureau et en détermine la composi-
tion et les attributions.
Le Comité directeur se réunit sur la convocation du président et du
crétaire. Il devra être réuni lorsque dix membres en feront la
emande.

Art. 11

l'Assemblée générale élit, sur la proposition du Comité directeur,
représentants de l'Association au sein du Comité de l'*Association
nationale*.
La représentation proportionnelle peut, sur la demande de 50 mem-
être appliquée à cette élection comme à celle du Comité directeur.

Art. 12

mité directeur gère les fonds de l'Association. Il doit rendre
une fois par an, à l'Assemblée générale, de son administration.

Art. 13

mité directeur tranche les questions non prévues par le présent
t, sous réserve du droit de contrôle de l'Assemblée générale.

Art. 14

s présents statuts ne peuvent être révisés en tout ou partie par
mblée générale qu'à une majorité représentant les deux tiers des
nts et quand la proposition de révision aura été insérée dans la
vocation.

---

er toutes les adhésions à M. Léon de Seilhac, trésorier de
l'Association, 5, rue Las Cases, à Paris (VIIe).